NICHT ZU DEN SIEGERN

Gefördert vom Land Salzburg und vom
Bundesministerium für Unterricht und Kunst
Verlag: EDITION DOPPELPUNKT, Wien 1994
Druck: Anton Riegelnik, 1080 Wien
Einbandgestaltung: Reinhard Schulz
Titelbild: Patrick Schock (siehe Seite 121)
Porträtfoto: Dr. Burgl Czeitschner
ISBN 3-85273-007-4

NICHT ZU DEN SIEGERN

Gedichte

von
Catarina Carsten

edition doppelpunkt wien

renate niedermaier

Worte sind Taten.

Ludwig Wittgenstein

I

Die Linien des Lebens sind verschieden,
wie Wege sind, und wie der Berge Grenzen.
Was hier wir sind, kann dort ein Gott ergänzen
mit Harmonien und ewigem Lohn und Frieden.

Friedrich Hölderlin

Auf dem Drahtseil

Auf dem schwankenden Drahtseil
trifft man immer die Wahrheit,
kann man ihr nicht entgehen.

Langsam gehe ich auf sie zu.
Wir treffen uns in der Mitte:
kommen nicht aneinander vorbei.

Der Engel von Basel

Er tritt aus der Bibel, jeden Tag,
mit jahrtausendealten Augen.

Er hat die Schweizer Staatsbürgerschaft
und einen Namen wie du und ich.

Wir nennen ihn so,
weil er seine verwirrte Frau pflegt,

die längst in ein Heim gehört,
sagen die Leute.

Der Engel von Basel sagt
seit drei Jahrzehnten:

„Sie gehört in kein Heim.
Sie gehört zu mir."

Ferienhäuser

Seit heute weiß ich,
daß jedes Haus
ein Ferienhaus ist,
der Mietvertrag
jederzeit kündbar.

Es gilt, sich einzurichten
im oberen Stockwerk
der Freude,
das Wetter
gelassen zu nehmen,

dem Fundament,
dem Schmerz,
zu vertrauen
und Freunden
die Haustür offenzuhalten.

Die Zeit hat wieder Flügel

Die Zeit hat wieder Flügel
und steigt und fällt im Blau
eines verfrühten Frühlings:
unbegriffener Schmerz,
wie Musik.

Erinnerung

für Gottfried Bachl

Der Weg ist lang und kurz.
Die mit uns lebten
und die vor uns starben,
sind nah und fern -

ins Schweigen
des unbehauenen Schmerzes
und der Liebe
legt die Erinnerung ihre Garben.

Tomaselli-Garten

Kastanien, noch immer Kastanien
und Schatten und grüngoldenes Licht
und eilige Kinderschritte im Kies.

Das Trappeln der Pferdehufe
verlegt die Zeit zurück
um Jahrhunderte -

Mozart
geht langsam
über den Alten Markt.

Selbstverwirklichung

W a s willst du?
Dich selbst verwirklichen?

Fang an:
dein Nachbar wartet auf dich.

Bettler

Auf der Brücke zum Untergang
steht einer mit Beterhänden,
dem keiner Almosen gibt.

Im offenen Geheimnis zu leben,
ist seine Sicherheit.
Aber die Nächte sind kalt.

Was die Menschen nicht tun,
tun die Sterne:
sie bau´n ihm ein Haus

und der Schnaps
wird ihn besser schlafen lassen
als ein gutes Gewissen.

Florenz

für Dorothea Pacher

Flügelrauschende Stadt:
mit einem Verkündigungslächeln
empfängst du den Fremden,

führst ihn in gebundener Freiheit
von Station zu Station
- Leben auf Altgold -

und entläßt ihn auf Widerruf
mit den Stigmata
deiner Schönheit.

Assisi

Hier ist er gegangen,
brennend und barfuß.

Hier gehen Tausende,
lärmend und wohlbeschuht.

Hier geht er noch immer:
P a c e e B e n e.

Silenzio

für Franz Nikolasch

Vom Sacro Speco herab,
es dunkelte schon
und der Wind schlief ein,

sang eine Grille
drei Strophen
vom Schweigen des Hl. Benedikt:

eine Strophe für jedes Jahr.
Das Echo füllte das Tal.

Grabmal des Fra Angelico

Dein Marmorschlaf täuscht.
Aufblüht die reine Strenge
der ersten Linien.

Glückseligkeit sprengt den Stein,
verhält
in atmender Schwebe.

Über dir, unsichtbar,
die Flügel
deines Verkündigungsengels,

auf und ab.

Die Taube im Café Colombia

Auf der Piazza Navona
trank ich einen Macchiato
Auge in Auge mit einer Taube
auf meinem Tisch.

Sie erzählte mir lange
von Hunger und Hast der Touristen
und den armseligen Brosamen
von ihren üppigen Tischen.

Ich gab ihr von meinem Weißbrot
und nannte sie Lazarus.

Die Weisheit des afrikanischen Buschmanns

Nach dem Ursprung des Seins befragt,
schwieg er lange,
bekümmert, weil er dem Frager,
dem weißen Freund,
nicht antworten konnte.

Eines Tages brach es aus ihm heraus:
„Du hast gefragt -
aber du siehst,
das ist sehr schwierig,
denn da ist immer
ein Traum, der uns träumt..."

Die Anregung zu diesem Gedicht verdanke ich dem Buch „Das Herz des kleinen Jägers" von Laurens van der Post.

Kinder

Ihre Augen
sprechen von Sternen,

ihre Tränen
sprechen uns schuldig,

ihr Lachen
spricht uns frei,

ihre Freude
sprengt Wetterwolken,

ihr Vertrauen
spricht alle Sprachen:

Augenblicks-Könige,
Ewigkeits-Könige,

ungewußt.

Das Lächeln

In Trastevere
hat mir jemand ein Lächeln geschenkt,
nur mit den Augen.

In Trastevere
brauche ich keine Erinnerungen
zu kaufen.

Höher

Gestern Abend,
das Kind auf der Schaukel,
hoch und höher.

Die Erwachsenen
unten riefen:
„Wie hoch denn noch?"

Es lachte,
schrie zurück:
„Bis an die Sterne!"

Ich dachte:
du hast recht.

Noch immer

Für das Schönste und Schrecklichste
hat uns der Engel
die Lippen versiegelt.

Aber zu sagen bleibt uns
unter dem Himmel
noch immer ein Rest.

II

In einem Tag kann man die Schrecken der Hölle erleben; es ist reichlich genug Zeit dazu.

Ludwig Wittgenstein

Ein Kern

In der Welt steckt ein Kern.
Zerbeiß ihn
und leg einen Schwur ab
auf das Wesen der Welt:
mandelsüß.

In der Welt steckt ein Kern.
Zerbeiß ihn
und bekräftige den Schwur
auf das Wesen der Welt:
mandelbitter.

Reisebegleitung

für Guido Waldmann

Zwölf Stunden nach seinem Tod
sagte ein Freund zu mir:
„Geh mit - nur ein Stück."

Ich sagte: „Ich darf nicht."
Er wartete schweigend.
Da ging ich mit
für Ewigkeitensekunden.

Als ich zurückkam,
war ich zum Sterben schwach,
aber erfüllt von einem Licht
ohne Namen.

Alles andere hab ich vergessen.

Verpuppt

Wieder verpuppt:
dumpf im grauen Gespinst.

Dem Augenblick
entgegenwartend,

da Bewußtsein schlüpft
und farbige Flügel regt.

Im Traum

Der Nachtschatten wächst
lautlos.

Abschiede treffen das Herz
wie Hammerschläge,

bis es taub ist vor Schmerz
und Schlaf sucht

unter dem Nachtschatten
und seinem tödlichen Gift,

das im Traum
heilt.

Im Beinhaus

Im Beinhaus,
an blinden Fenstern,

hockt die versteinerte Angst
und wartet,

daß ein Himmelschlüssel
die Tür sprengt,

daß Licht einfällt
ins Dunkel der Nacht

und das Wort der Erlösung
gesprochen wird.

Einer

Immer liegt irgendwo einer
zusammengeschlagen
unter dem Himmel.

Blicklos erblickt er die Glücklichen,
scheitert an ihrem Gleichmut,
erschrickt vor ihrem Gelächter.

Er verkriecht sich ins Dunkel.
Sein Engel schickt ihm den Traum
vom barmherzigen Samariter.

Der Augenblick

Der Augenblick
vor dem ersten Schluck aus dem Becher.

Der Augenblick,
bevor der Nagel ins Fleisch drang.

Der Augenblick,
in dem der Holzstoß schwelte.

Der Augenblick,
bevor das Seil sich straffte.

Der Augenblick,
in dem der Henker den Arm hob.

Der Augenblick

dieser

Was ich bekämpfe

Das Gelächter des Schreckens,
das die Sonne verschattet,
die Felsmalereien verblassen läßt,
den Duft der Narzisse erstickt.

Die Maske der Gleichgültigkeit
im Zeichen der großen Dürre,
die sich verkriechende Angst,
die dem Bösen Sprengkraft verleiht.

Den faulen Atem des Heuchlers,
der Kinder verstört,
die List, die kalte Berechnung,
die alten Menschen den Schlaf raubt.

Die Stumpfheit, die Trägheit, die Dummheit,
die wagen, sich zu bekreuzigen,
die vor dem Dornbusch knien,
die nie ein Feuer verzehrt.

Diesen allen sag ich den Kampf an
mit Liebe und mit Gewalt.
Die Liebe
ist stärker.

Kastaniensprung

Mit einem Wort,
einem Bild zu erwachen:

wie die Kastanie
ihr braunes Auge aufschlägt.

Um die Wahrheit zu wissen
des blanken Blicks

aus Kerzenblüte
und Stachelwiderstand

und wie ein Jahr,
ein Leben sich rundet

in dunklem Glanz
vor dem Fall.

Was ich liebe

Das Erdespüren der Füße,
das Haar, das den Himmel berührt,
die Ahnung,
die den Jahrtausenden Sinn gibt,
den Feueratem der Sonne,
gespielte Feindschaft des Monds,
den Glauben, der Berge versetzt,
die Treue ohne Beweis,
die Augen von Kindern,
ein Lächeln von Alten,
das Leben der Steine,
das Luftlied der Vögel,
den Regenbogen im Tau,
Musik, Musik,
den Zauber der Katze,
das Wissen des Elefanten,
das Lied der Meere,
des Schweigens Geduld,
das Sterben der Rose,
das Leben der Toten,
Türkise des Abends,
opalene Ungewißheit,
Lavendelblau,
Mohnrot,
die Sprache des Wassers,
die Wache der Bäume,
die wortlose Trauer,
die Hoffnung im Winterschlaf,
die Umarmung in Ewigkeit,
das Entzücken des Anfangs.

Alterndes Mädchen

Der steinerne David
vor dem Fenster,
muskelspielend -
sie tritt zurück.

Die Stille im Zimmer:
ohne Erwartung.
Ein Duft von Lavendel,
getrocknet.

Die steife Katze im Korb
zählt fünfzehn Jahre.
Ein Kinderlachen,
nur von der Straße.

Die Bücher, zu viele,
schweigen.
Der wimpernlose Traum
wird keine Verheißung bringen.

Die Lebenslinie der Handfläche
im schwindenden Taglicht
bleibt unauffindbar.

Plötzlich

Wir richten uns ein.
Wir sagen:
wir haben uns eingerichtet,
gut eingerichtet.

Plötzlich,
es kann im Traum sein,
(ein Traumsturz),
oder am hellichten Tag,

plötzlich
stürzt eine Schicht in uns ein.
Wir stürzen nach,
wir erkennen:

der Ort,
an dem wir uns eingerichtet haben,
gut eingerichtet,
lag zu hoch.

Nicht zu den Siegern

Zu den Siegern
mit den hochgerissenen Armen
und dem Triumphschrei
werde ich nicht gehören.

Aber vielleicht zu denen,
die mitten im Meer
den Wimpel der Hoffnung hissen
beim Schiffbruch.

Folter

Jede Nacht
stehe ich vor Gericht.

Das Urteil ist immer das gleiche:
Dunkel- und Einzelhaft.

Im eisigen Schweigen der Mauern
suche ich meine Schuld.

Keine Chance

Ich gehe mit meiner Verzweiflung zu Bett
und beschwöre sie, endlich zu schlafen.

Doch sie besteht darauf,
die Nacht mit mir zu durchwachen.

Trauer

Mit heftigen Stichen
näht der Schmerz
an offenen Wunden.

Zusammengekrümmt
ergeb ich mich ihm
auf Gedeih und Verderb.

Angesichts aller Leiden

Angesichts aller Leiden
füllt sich mein Hirn mit Eis
und mein Herz mit Blei.

Angesichts aller Leiden
hör ich das dröhnende Schweigen
Gottes.

Angesichts aller Leiden
drück ich das Kreuz durch
und die Knie.

Angesichts aller Leiden
reime ich mein Entsetzen
auf Tapferkeit.

Angesichts aller Leiden
schluck ich den Rest
dieser endlosen Verse

und es gelingt mir,
dir zuzulächeln.

Genesung

Prüfe sorgfältig jeden Schritt,
ob die Erde dich trägt.

Gesund bist du erst,
wenn ein Vogelruf dich ins Herz trifft

und der Augen-Blick
wieder zur Ewigkeit wird.

Lieben Sie Kinder?

Die Frage „lieben Sie Kinder?"
ist, wie die meisten Fragen,
falsch gestellt.
Die Wahrheit ist,
daß viele Kinder das Fürchten lehren,
weil ihnen schon der Erwachsene
aus den Augen blickt.

Rundblick im Omnibus

Die Menschen sind
eine einzige
unbeantwortete
Frage.

Nur die Liebe
gibt Antwort.

Morgens am Fluß.
Die Waagschale mit der toten Zeit
sinkt klaftertief.

Aus dem Gleitflug der Möven
rett' ich ein Stück Vollkommenheit
für den stockenden Tag.

Sei nicht zu stolz,
um dich zu bücken
nach einem Lächeln,

das aus Vergeblichkeit
erblüht.

Mut

Die Kraft,
mit der die Angst
den Mut umarmt,
macht ihn zum Mut.

Inflation

Die kostbarste aller Silben:
Du -

Heut spielen sie Fußball damit
auf allen Straßen und Plätzen.

Tiefer Atemzug

für Barbara

In das Schweigen des Krankenzimmers
flattern Briefe wie Vögel,

rotkehlchenfarbene, taubenblaue,
mit klingender Botschaft.

Die Stille beginnt zu singen.

Fahrt

für Patrick

Laß dich auf deiner Fahrt
nicht schrecken,

weder von Skylla
noch von Charybdis,

ertrage den Zauber
jeder Schönheit,

nimm Ankunft
und Aufbruch gelassen,

binde dich fest
an den Mast deiner Träume,

laß dir die Ohren
nicht verstopfen,

besteh den Gesang
der Sirenen,

setze die Sehnsucht
als Segel,

vertraue
auf deine Heimkehr.

Gedichte

Brachtage
  dreh dich um
und Regenzeit
  ich kenn dich nicht
das verrückte
  bist du´s
Fange-mich-halte-mich-Spiel
  oder bist du´s nicht
mit verbundenen Augen.

In der Sonne zu brennen
mit dem Winterfrost unter der Haut.
In der Umarmung
die Arme fallen zu lassen.
Zum Neugeborenen zu sagen:
Willkommen, kleiner Tod.
Den apokalyptischen Reitern
immer um eine Pferdelänge voraus.

An der Grenze des Sagbaren
knie ich im Staub,

zitternd vor Angst und vor Gier,
das Dunkel zu überschreiten.

Ein Gott ohne Namen
hält mich zurück.

III

Wer möchte leben ohne den Trost
der Bäume.

Günter Eich

Entsprechung

Im Sonnenaufgang
beginnt der Nußbaum zu zittern.

Sein volles Geheimnis
steht klar im Licht

und das Licht
ist voller Geheimnis.

Tief nachts

Die Vogelkirsche am Fenster
blüht weiß wie Schnee.

Jeder hat jetzt die Augen zu,
nur das Entsetzen nicht

und die Liebe.

Wenn die Amsel singt

Wenn die Amsel singt,
zeitig, im frühen Jahr,

mußt du dein Lager verlassen,
zeitig im frühen Jahr,

um nichts zu versäumen,
den Tau und das steigende Licht,

den Sprung der Sonne
in einen beginnenden Tag

und eine neue Verheißung,
zeitig, im frühen Jahr.

Im April

Noch immer kein Kuckuck?
Denn Krokus und Seidelbast sind verblüht.

Im Löwenzahngelb der Wiese
schlägt der April die Augen auf.

Wir glauben wieder an Wunder.

Brillantfeuerwerk

Die Sterne sind aufgefahren am Himmel,
Brillantfeuerwerk der Nacht.

Ich klammere mich an das kurze Gras,
um nicht aufzufahren gen Himmel.

Und das Gras...

Einmal,
wenn ich sehr alt werden sollte,

wird mir vielleicht
ein Wunsch erfüllt,

den ich schon lebenslang
hege:

nichts mehr zu tun
als ganz still zu sein

und das Gras wachsen hören.

August

Nach der kindhaften Regensonne
des Juni
schellt eine goldene Löwin
sprunghaft ins Blau,
fächert mit heißem Atem
über Wasser und Land,
öffnet Kelche voll Süße,
färbt Früchte ein,
entzündet Feuer von Düften
und steigt und steigt -
und steigt hinab
im Triumph des Untergangs.

Freude

Pappelsilber,
Platanengold,
berstende Vogelkehlen,

Dämmerschleier,
Fledermausflug,
lautloser Tanz im Grenzland:

Freude,
die auffährt
ins Tagblau

und Fackeln entzündet nachts.

Verlassene Mühle

Das Dach verfallen.
Regen und Wind
feiern Jahrhundertfeste.

Holunder
hat den Fleiß von Generationen
mühelos überblüht.

Im Wasser atmet
die schlafende Ungeduld,
die wache Geduld

des Mühlrads.

Eine einzige Kastanie

Manchmal genügt
im unabsehbaren Grau
eines kalten Winters

eine einzige Kastanie
in der Tasche:
rundes, glattes Ergebnis

eines geglückten Herbstes,
das die tastenden Finger
staunend begreifen.

Leise

Die Herbstzeitlose,
hinfällig im Schattengrün,

die scheue Sonne
hinter den Wolken

und dieser Zehenspitzenwind
über dem See -

leise, leise,
der Sommer schläft ein.

Wankelmut

Fest entschlossen,
dem Sommer die Treue zu halten,
verführt mich der Winter
an einem blitzenden Morgen
mit reinem Weiß -

Winter-Einfall

Seit Tagen schneit es,
bei Tag und Nacht.

Die Metereologen sprechen
von Wintereinfall.

Erato macht Freudensprünge
im Schnee.

IV

Wer wahrhaft zur Welt ausgeht,
geht zu Gott aus.

Martin Buber

Kinderfrage

„Was ist fromm?"
fragte ich meinen Großvater.
„Das", sagte er
und schrieb mir mit seiner schweren Hand
ein Kreuz auf die Stirn.

Er spürte meine Enttäuschung,
nahm ein Stück Brot vom Tisch,
brach's in zwei Teile, gab mir eins,
nickte, sagte:
„und das".

Wir aßen schweigend.

Meinem Schutzengel

Wenn der Winter kommt,
Menschen und Tiere frieren,

wenn alles Laub
von mir abfällt,

wenn ich zusammenschrumpfe
zu meinem eigenen Feindbild,

bleib du.

Logik

Wenn wir h i e r
Sterbende sind,
müssen wir d o r t
Lebende sein.

1   **IN DER WÜSTE**

   Fasten des Herzens

   Wer kann schon beten
   im Überfluß?

   Dank sei der Wüste
   und ihrer Härte.

   Hungere mich aus, Herr,
   nach DIR.

2   Wenn DU mich in die Wüste schickst,
   laß mir nur eins:

   die gewachsene Geduld des Steins,
   der überlebt.

3 Ausgehungert
schrei ich nach DIR

   wie nach Brot
   am vierzigsten Fastentag.

4 Keine Heuschrecken,
kein wilder Honig,

   nur Hitze bei Tag
   und Kälte bei Nacht

   und wachsende Leere
   als letzte Versuchung.

5 **OASE**

   Im Fiebertraum
   seh ich ein Dromedar,

   angebunden
   an den Stamm einer Palme

   und vertrauensvoll wartend
   auf den Anbruch des Tags

   und seinen Herrn.

Schattenuhr

Es ist so weit - das Gnadenband zerissen,
kein Hund nimmt einen Bissen Brot von mir.
Ich werde selber darum betteln müssen
und durch die Kälte gehn von Tür zu Tür

und werde leben nach der Schattenuhr,
die alle Dunkelheiten übersteigt
und werde weitergehen ohne Spur
auf meinen Engel zu, der wartend schweigt.

Kaleidoskop

Mit riesiger Hand
schüttelt ER uns.

Wir stürzen über-
und untereinander,

splitternder Auswurf,
hierhin und dorthin.

Am Rand der Zerstörung
waltet ein altes Gesetz:

unversehens
finden wir uns

im blühenden Rund
schützender Ordnung.

Traum vom Verrat

Kein Hain, in dem sie ihn fingen,
kein Fackelschein, keine Schergen,
kein Jünger, die Hand am Schwert,
nur Dunkel und Schweigen -

und aus dem Dunkel
ein Riesenfinger
und eine eisschneidende Stimme:

„Der ist's."

Eli, Eli lama asabthani

Dunkel brach ein
und die Erde erbebte
und der Vorhang im Tempel
zerriß im zwei Teile

und der gekreuzigte Schrei
zerriß die Nacht,
erfüllte den Erdkreis
und findet sein Echo

in uns.

Maria Magdalena

Maria aus Magdala
am Ufer des Sees Genezareth,
Jüngerin Jesu,

wurde von ihm geheilt,
als er den Wahn-Sinn
aus ihr vertrieb.

Sie saß zu seinen Füßen,
sie stand am Fuße des Kreuzes,
sie beweinte den Toten.

Sie suchte und fand den Lebendigen,
als Schmerz und Trauer sie umtrieb:
„Rabbuni -"

Er aber gab ihr die Botschaft
der Auferstehung, des Sieges.
Sie ging und sagt es den anderen.

Im Herrgottswinkel

Als das Schlachtfest zu Ende ging,
waren alle sehr fröhlich
und tischten auf,
im Herrgottswinkel
unter dem Kruzifix:
Suppe und Wellfleisch,
Blutwurst und Kraut
und wunderten sich
über den Gast,
der keinen Bissen
hinunterbrachte.

Allerseelen

Heut wird den Toten die Erde schwer
von den Schritten der Lebenden.

Aber die Liebe, von Jahr zu Jahr,
wiegt immer leichter

und endet mit Blumen und ein paar Tränen
im Wirtshaus.

Absolution

Was ich niemandem beichte,
büße ich in dornigem Schweigen
unter dem Atem Gottes.

Der weiße Vogel
über dem Tal meiner Seele
spricht mich frei.

Glaube

Es ist unglaublich,
was einer leistet,
der glaubt.

Was ihm gewiß ist,
ist Ungewißheit,
Verlust.

Der erste Zweifel
führt in das Dunkel
der Gottheit.

Erst die Verzweiflung
fällt in den Abgrund
aus Licht,

auf nackte Dornen,
daraus die Liebe
Rosen treibt.

Vision

Im Abgrund der Hölle
brennt kein Feuer.

Die Hölle ist dunkel
und kalt.

In eisigen Wänden
schweigt das Entsetzen.

Reglos warten
die großen Engel

am Rande der Schöpfung
auf das Ende der Zeit:

hinabzustürzen
mit gefalteten Flügeln,

die Starre zu brechen
im goldenen Schrei der Erlösung.

V

Einsilbig ist die Sprache der Nacht.
Sie sagt Stern,
sie sagt Mond,
sie sagt Du.

Christine Busta

Geh ans Meer

Wenn du nicht weiterweißt,
geh an´s Meer,
lern wieder zu atmen.

Betrachte den Mann,
der sein Haus kalkt,
Jahr um Jahr.

Folge der alten Frau
mit dem Öl in der Flasche,
treppauf, treppab.

Sie trägt es über die Insel,
stundenweit,
zu einer verlassenen Kapelle.

Sie füllt das Öl in die Lampe
und zündet es an:
„Morgen ist Sonntag."

Sieh gelassen
die Ein- und Ausfahrt
der weißen Schiffe.

Nimm in´s Herz
die Botschaft des Winds:
Rosen und Oleander.

Vernimm das Schattenversprechen
des Feigenbaums,
inselweit, über dem Staub.

Überlaß dich dem Licht
und der Sprache der Steine:
schweig.

Wenn du nicht weiterweißt,
geh an's Meer,
lern wieder zu atmen.

Steine

Als Deukalion und Pyrrha euch warfen,
nach der verheerenden Flut
und lange vor unserer Zeit,
wurden Menschen aus Steinen.

Heute noch find ich in eurer Härte
verletzliche Menschengesichter
und in manchem Menschengesicht
den versteinernden Schrecken.

Was wir gelernt haben

Den Atem
vom Meer,

die Geduld
von den Steinen

und von der Sonne
den Aufgang,

den Untergang,

den Aufgang.

Koutsourás

Deine Sonnenuntergänge
werden mir den November
feuervergolden,

deine Steine, hitzedurchglüht,
mir die Haut wärmen,
eiszeitenlang.

Einen Ölbaum will ich träumen
zwischen Erde und Himmel
im froststarren Winter

und die Augen schließen,
um deinen Strand
im Flug zu erreichen.

Wie wir...

Wie wir uns wiederfanden
im Schatten der Tamarisken,

wie wir das Rotgold der See
für bare Münze nahmen,

wie uns die bebende Erde
standhielt,

wie wir ganz ohne Furcht
das Sonnenfeuer durchschritten,

wie wir zu Traumtänzern wurden
zwischen Sonne und Mond

und zu Traumsängern
in einer neuen Sprache,

der die Delphine folgten
nach ungeschriebenem Gesetz -

wie wir uns wiederfanden

Wunsch an das Leben

Zu sein, wer ich bin,
nicht mehr
aber auch nicht weniger

und g a n z ,

um da zu sein
für die,
die ich liebe.

Alte Bäuerin in Koutsourás

Ich habe der Erde gegeben,
was ich konnte,
Kinder und Arbeit -

dem Himmel
wohl immer zu wenig -
ich werde Zeit dafür haben.

Alter Mann in Maroniá

Jeder ist gut
für etwas,
auch wenn er unnütz erscheint,

gießt Hibiskus und Oleander,
füttert die Katze,
spricht mit dem Nachbarn,

kämpft mit den Schatten,
betet um Brot
und hat seinen Tag zu bestehen.

Santorini

Jetzt stehen wir im Bannkreis der Sonne,
geschützt vor Kälte
und nördlichem Fleiß.

Lichter und Schatten des Ölbaums
schreiben die Schrift
der Jahrtausende.

Goldene Netze bergen
das lebendige Geheimnis
der Götter.

Jetzt stehen wir im Bannkreis der Sonne.

Steinspiele

Zwischen Meer und Land
sammeln wir Steine,
ovale und haselnußrunde,
im roten Atem der Sonne.

Winterüber im Kreis
werden wir Spieler sein,
Verlierer nicht und Gewinner,
Steinspieler von Hand zu Hand.

Weitergeben werden wir
steinbeschlossene Erinnerung:
Zikadenschreie und Stille,
Tanzschritte im warmen Sand,

während vor'm Fenster der Schnee fällt.

VI

Das Schönste

Manche finden: ein Heer von Reitern, manche: Fußvolk,
manche: Schiffe sind auf der schwarzen Erde
rings das Schönste, ich aber: das was immer
Einer nur lieb hat.

Sappho

Gewißheit

Die Jahre
kommen und gehen.
Wir gehen mit.
Wir staunen über ein Himmelblau,
über die Rosen im Schnee.
An den Abenden
sind wir glücklich,
unsere Lebensgemeinschaft,
unsere Todesgemeinschaft
mit Musik zu besiegeln.
Was bleibet aber -
wir wissen es nicht.
Wir staunen, daß wir nichts wissen
und unseres Bleibens
so gewiß sind.

Zum ersten Mal

Jetzt stürzt der Frühling uns wieder
in den Abgrund aus Veilchenblau,

schlägt uns mit der Atemlosigkeit
des eigenen Herzschlags,

reißt uns empor
in die Verlockung des Seidelbasts,

hält uns den Spiegel hin
in den Augen des Du,

zum tausendundeinen,
zum ersten Mal.

Liebe

Auf allen Meeren daheim
der hellen und dunklen Verzweiflung,

immer im Unterwegs
zum einzigen Meer, das trägt:

Anker geworfen im Wunder,
Fuß gefaßt im Vertraun.

Nach vielen Jahren

Du gehst, wirst kleiner und kleiner,
winkst, wirst kleiner und kleiner,
das Herz springt mir in den Hals,
wie das erste Mal, als du kamst,
wie das erste Mal, als du gingst -

ich lache über die Zeit.

Ich rufe die Zeit an

Es ist so still,
seit du nicht mehr da bist.

Ich rufe die Zeit an,
um wenigstens eine Stimme zu hören.

Die automatische Stimme sagt:
„Es ist mit dem Summerton Null Uhr Null."

Ich rufe die Zeit an, immerzu.
Aber die Stimme sagt immer dasselbe.

Ohne dich in Rom

Wer sagt denn,
daß du nicht hier bist?

Die Stadt ist voll
von erfüllten Wundern.

Die Steine sprechen vernehmbar,
die Heiligen sitzen zu Tisch.

Wer sagt denn,
daß du nicht hier bist?

Und jetzt geh ich mit dir
über die Piazza Navona,

Arm in Arm.

Damals

Damals standen die Uhren still,
die Sonne verschwendete Zeit.

Der Wald brach aus
und füllte die Nächte mit Atem.

Wir waren außer uns
und umarmten die Sterne,

betteten uns auf Zyklamen,
lebten wie Götter

und wußten es nicht.

Immer reicher

Unsere Sprache wird immer reicher.
Was wir uns hier noch sagen können,

bei Tag und Nacht, sagen wir stumm:
sagen uns nie Vernommenes.

Rettung

Schwer von Nacht
suche ich Rettung
in deinen Augen

und du beschenkst mich
mit einem Lächeln
des Morgens.

Ferienfragen

Wir werfen uns Ferienfragen zu,
Rauchschwalbe oder Mauersegler,
Antworten zählen nicht.

Wir werfen uns Ferienfragen zu,
alles bleibt in der Schwebe,
flaumfederleicht.

An Aitrang vorbei im fahrenden Zug

Hinter dem Wald am See
schläft die Erinnerung:
die Wiesen, das Reh
und die Überwältigung
durch den Sommer.

Hinter dem Wald am See
schlägt die Erinnerung
die Augen auf.

Ewig

Dein Atem neben mir.
Der Wind trägt ihn fort.
Die Spuren unserer Füße im Sand.
Das Meer löscht sie aus.
Meine Seele wird die Namen vergessen:
Soto de la Marina und Mataleñas,
aber den Wind
und die Spur unserer Füße
nie.

Auf rollenden Rädern

Alles hinter uns lassend,
mit nichts an die Zukunft gebunden
außer durch Gegenwart,

unter dem kleinen Dach,
auf rollenden Rädern
unter Sonne und Regen,

einem Morgenlachen erlegen,
trunken von Nacht
und süchtig nach Licht,

spielen wir sprachlose Spiele
mit Reimen auf Jetzt und Du.

Wer sich nicht erinnert

Marmorne Kühle
und samtene Haut,

ein Lächeln tief nachts,
ein Losungswort morgens -

wer sich nicht erinnert,
der ist verloren.

Mit Dir

Ring fügt sich an Ring -

während die Sehnsucht wächst,
mit dir am Ursprung zu sein,

mit dir am Ende zu sein,
am Ende im Ursprung,

Hand in Hand.

INHALT

I

Auf dem Drahtseil	8
Der Engel von Basel	9
Ferienhäuser	10
Die Zeit hat wieder Flügel	11
Erinnerung	12
Tomaselli-Garten	13
Selbstverwirklichung	14
Bettler	15
Florenz	16
Assisi	17
Silenzio	18
Grabmahl des Fra Angelico	19
Die Taube im Café Colombia	20
Die Weisheit des afrikanischen Buschmanns	21
Kinder	22
Das Lächeln	23
Höher	24
Noch immer	25

II

Ein Kern	28
Reisebegleitung	29
Verpuppt	30
Im Traum	31
Im Beinhaus	32

Einer 33
Der Augenblick 34
Was ich bekämpfe 35
Kastaniensprung 36
Was ich liebe 37
Alterndes Mädchen 38
Plötzlich 39
Nicht zu den Siegern 40
Folter 41
Keine Chance 42
Trauer 43
Angesichts aller Leiden 44
Genesung 45
Lieben Sie Kinder? 46
Rundblick im Omnibus 47
Morgen am Fluß 48
Sei nicht zu stolz 49
Mut 50
Inflation 51
Tiefer Atemzug 52
Fahrt 53
Gedichte 54
In der Sonne zu brennen 55
An der Grenze des Sagbaren 56

III

Entsprechung 58
Tief nachts 59
Wenn die Amsel singt 60

Im April 61
Brillantfeuerwerk 62
Und das Gras... 63
August 64
Freude 65
Verlassene Mühle 66
Eine einzige Kastanie 67
Leise 68
Wankelmut 69
Winter-Einfall 70

IV

Kinderfrage 72
Meinem Schutzengel 73
Logik 74
In der Wüste 75
Schattenuhr 77
Kaleidoskop 78
Traum vom Verrat 79
Eli, Eli lama asabthani 80
Maria Magdalena 81
Im Herrgottswinkel 82
Allerseelen 83
Absolution 84
Glaube 85
Vision 86

V

Geh ans Meer	88
Steine	90
Was wir gelernt haben	91
Koutsourás	92
Wie wir . . .	93
Wunsch an das Leben	94
Alte Bäuerin in Koutsourás	95
Alter Mann in Maroniá	96
Santorini	97
Steinspiele	98

VI

Gewißheit	100
Zum ersten Mal	101
Liebe	102
Nach vielen Jahren	103
Ich rufe die Zeit an	104
Ohne dich in Rom	105
Damals	106
Immer reicher	107
Rettung	108
Ferienfragen	109
An Aitrang vorbei im fahrenden Zug	110
Ewig	111
Auf rollenden Rädern	112
Wer sich nicht erinnert	113
Mit Dir	114

Zum Titelbild:

Innenraum
von Patrick Schock
Ölfarbe auf Sand und Holz, 1992, 58 x 46

„In manchen Augenblicken, vielleicht, wenn es sehr heiß oder sehr kalt ist und man nicht aus dem Haus gehen kann, vielleicht in Momenten der Ruhe, nehmen wir unsere Nähe zu Räumen wahr, die wir atmen und fühlen und sind vielleicht nur einen Flügelschlag entfernt von den Landschaften der Kindheit. Und im Schweigen der Mauern das Rauschen von Pappeln im Wind."

Patrick Schock

1972 in Salzburg geboren, Studium an der Hochschule für Philosophie in München.
Beschäftigt sich mit Malerei und Photographie.
Arbeitet als freier Photograph.
Diverse Ausstellungen.

Bisher erschienen in der EDITION DOPPELPUNKT:

LYRIK

Pendlerlieder
Gedichte von GERTRAUD SCHLEICHERT
mit Federzeichnungen von Hermann SERIENT
88 Seiten/SBN 3-85273-001-5
Best.Nr. 9302, öS 128,--

Umflut
Gedichte von PETRA SELA
mit Scherenschnitt-Kompositionen
von Liane PRESICH-PETUELLI
84 Seiten/ISBN 3-85273-003-1
Best.Nr. 9402, öS 126,--

Efeublüten
Gedichte von Gertraud SCHLEICHERT
mit Federzeichnungen von Ingrid KERZINA
88 Seiten/ISBN 3-85273-006-6
Best.Nr. 9405, öS 136,--

Nicht zu den Siegern
Gedichte von Catarina CARSTEN
124 Seiten/ISBN 3-85273-007-4
Best.Nr. 9406, öS 132,--

ERZÄHLUNG

Veras Puppen
Erzählungen von Valerie LORENZ-SZABO
mit Scherenschnitten von
Liane PRESICH-PETUELLI
156 Seiten/ISBN 3-85273-002-3
Best.Nr. 9401, öS 165,--

ANTHOLOGIE

Lippenmale
Gedichte und Erzählungen von
KÖNIG/MAIER/NIEDERMAIER/RATZ/
SCHLEICHERT
mit Illustrationen
Hrsg. Renate NIEDERMAIER
164 Seiten/ ISBN 3-85273-000-7
Best. Nr. 9301, öS 165,--

Visitenkarten
Gedichte und Gedanken von burgenländischen
Autorinnen und Autoren
mit Kollagen nach Vorlagen der Autoren
76 Seiten/ISN 3-85273-004-X
Best.Nr. 9403, öS 115,--

AUSSER DER REIHE

Letternfilter
Namensanagramme von
Gran Mama
Gertraud SCHLEICHERT
56 Seiten/ISBN 3-85273-008-2
Best.Nr.9407, öS 65,--

Schlesische Kalendertage
Erlebnisse aus Grulich /Schneeberggebiet
zweisprachig: schlesisch und deutsch
von G.T. KORN
64 Seiten/ISBN3-85273-009-0
Best.Nr. 9408, öS 85,--

IN VORBEREITUNG

Jenseits des Flusses
HAIKU-SAMMLUNG japanisch und österr.
Autorinnen und Autoren
Hrsg. FRIEDICH HELLER
zweisprachig: japanisch und deutsch
Linolschnitte von F. Milan Wirth
Webearbeit von Kyoko Adanya-Baier
Bibliophile Ausgabe
Lieferbar ab April 1995

EDITION DOPPELPUNKT
A-1020 Wien, Engerthstraße 195/4/33